SUPERSALVAJE

ÆREA | *carménère*

Jose Carpenter

Supersalvaje

861   Carpenter, Jose
C   Supersalvaje / Jose Carpenter -- Riells i
        Viabrea : RIL editores-Ærea | Carménère,
        2025.

        82 pág. ; 23 cm.

        ISBN: 978-84-10248-75-5

        1 POESÍA ESPAÑOLA. 2 LITERATURA ESPAÑOLA.

ÆREA | *carménère*

Serie fundada por Eleonora Finkelstein y Daniel Calabrese
Edición al cuidado de Paco Najarro

SUPERSALVAJE
Primera edición: noviembre de 2025

© Jose Carpenter, 2025

© Ærea, 2025

Un sello de RIL® editores
SEDE SANTIAGO DE CHILE: Los Leones 2258 • CP 7511055 Providencia
☽ (56) 22 22 38 100 • ril@rileditores.com • www.rileditores.com

SEDE VALPARAÍSO • valparaiso@rileditores.com

SEDE ESPAÑA • europa@rileditores.com

Composición y diseño: RIL® editores
Diseño de colección: Marcelo Uribe Lamour
Collages de interior y portada: Jose Carpenter

Impreso en España • *Printed in Spain*

ISBN: 978-84-10248-75-5
Depósito Legal: GI 1752-2025

Para Sonia y Bruno,
para mis padres y toda mi familia,
y para esa otra familia —la del alma—,
con quienes comparto y compartiré siempre
la vida y la poesía.

He dormido en tu regazo, tierra mía,
y al despertar he sentido tu aliento en mi rostro.
Cada uno de tus hijos es mi hermano,
cada dolor, una herida mía,
y cada alegría, un canto que me nombra

RABINDRANATH TAGORE

Aliento Inédito

Sólo con el viento me confundo.
José Ángel Valente

No hay flor,
ni hierba
ni especia.
Lo que llevo no tiene nombre,
no tiene color,
no está en recipiente alguno.
Es un alma
que se me pegó a la piel
como la noche
cuando se olvida de ser sombra.

Me hizo leve.
Me hizo exacto.
Me dio los ojos de un niño
y la sed de un dios sin cuerpo.

Hay días en que resbala
como bruma sobre los hombros.
Hay días en que me llena los pulmones
y soy otro.

Cuando nadie mira,
escucho cómo me habla.
Me dice:
«no eres solo hombre,
eres el eco de lo que nunca fue dicho».

Entonces escribo con el aliento,
en esa sangre que regresa
cuando creía que ya me había abandonado.

Por eso,
cuando alguien se acerca
 y pregunta:
«¿A qué hueles?»
yo sonrío
y callo.

ÍNDIGO

No era solo el color.
Era la esencia de la noche
tiñendo la piel.

Un hilo azul cruzaba el océano,
de Oaxaca a Kioto,
bordando su silencio en los huesos
como quien cose su memoria
desde dentro.

En el templo de un cuerpo
alguien hilaba
un pantalón de denim
para todas las estaciones: con costuras
de viento, con botones
de fuego, con pliegues
de tiempo.

Quien viste este traje
sabe perder.
Sabe quedarse quieto
frente a un lago durante siete inviernos.
Sabe
que hay abrazos que no llegan
pero que salvan igualmente.

Una niña índigo camina sin zapatos
por un campo de sal,
y cada paso es un poema
que ningún dios sabe leer.

Los versos que salen de su boca
son como secretos
teñidos de azul
que remiendan la vida
sin esconder sus
costuras.

Útero

La casa respira su aliento antiguo,
los ojos cansados de las ventanas vigilan la lluvia.

Cuarenta años en los pasillos del tiempo,
cuatro vidas salidas de su vientre,
la orfandad tan pronto, el fuego en la carne,
el padre hundido en la sombra líquida del olvido.

Pero ahora, escucha,
porque entro en tu interior como un cuervo,
soy el vuelo afilado de quien sabe el camino sin mapa.

Atravieso la cueva donde nació el miedo,
y el naufragio de las promesas nunca dichas,
y las huellas invisibles de la ausencia.

Y dentro de ti encuentro la raíz intacta,
y el pulso de un río que nunca se seca.

La viudedad pesa menos con el paso del tiempo,
el amor se expande en espirales silenciosas,
y los nietos heredarán la reconciliación
como la luz que rasga la piel del invierno.

Ya no hay deuda en la memoria,
que luche entre espejos rotos.

Las palabras olvidadas volverán como las mareas,
y en la casa, que un día fue tuya,
seguirá latiendo el rastro de la esperanza.

Supersalvaje

Nací con sal en los párpados,
nací de un grito enterrado entre los dientes,
nací de un relámpago sin boca ni lengua.
Bajo la lluvia de los alfabetos desmembrados,
me arrancaron las vocales del pecho
para escribir con raíces invisibles,
con pulsos de médula y venas abiertas.

Corrí con manos que olían a tierra húmeda,
mostré al sol los plexos vibrantes
de un corazón desollado de espinas.

Amé como un animal químico,
con la rabia de una semilla
que creía ciega la luz de las estrellas.

Si sobrevivo,
será en tu columna,
será en tu médula como un canto fósil,
como un incendio antiguo atrapado en tus huesos,
como el eco mineral
que despierta la memoria de la piedra.

Seré la furia del viento sin dueño,
la palabra que nazca en la garganta
de un animal sin jaula ni sombra.
Seré siempre un verso supersalvaje
que no sabrá rendirse.

NIDO

Hay un agujero en la madera antigua,
un círculo cerrado contra los dientes del mundo.
Solo un pájaro cabe, solo un pájaro entra,
ni serpiente, ni ratón, ni sombra extraña.

Aquí duerme la palabra olvidada,
el himno que nunca fue escrito.
Phaor-aum, śūl-ka, na-ra-tha,
murmura el aire en su nido secreto.

La lengua se rompe en ecos de piedra,
sílabas hundidas en el vientre del tiempo.
El pájaro reza en voces que nadie entiende,
llevando el canto del mar a los robles.

Faquir

*El dolor es el aprendizaje sin libro, la experiencia del
cuerpo sin palabras.*
FRIEDRICH NIETZSCHE

El lecho de clavos no duele,
es la risa del cuerpo venciendo la gravedad.
El faquir duerme en el acero,
mientras el mundo debate si es truco o abismo.

Ramakrishna caminaba sobre brasas,
Kuda Bux cruzaba las sombras del fuego,
y en Montmartre, los poetas se embriagaban de hielo y clavos.

Aquí el dolor es un animal manso,
un tigre de fuego que se deja acariciar.

No es la piel la que sangra,
son los que observan,
los que buscan grietas en lo inexplicable,
y los que creen que la carne es más real que el silencio.

Entre Baudelaire y Houellebecq,
la herida se hace verbo.

El faquir conoce el secreto:
no es él quien sufre,
es el mundo que no entiende
cómo alguien puede acostarse sobre lo imposible
y no arder.

Puente suspendido de cable y hierro

Solo la hierba, amarilla y cansada, era inmortal.

A. Zagajewski

El camino será largo.
Habrá lugares que nunca viste.
Llegarás al mismo sitio,
y aprenderás igual.

¿Cuál era vuestra pregunta?
¿Dónde queríais llegar?

Todos los puentes están conectados.
Se expanden y se repliegan.
Van más allá de su materia.
Se perpetúan entre montañas.
Se hunden. Se oxidan. Resisten
con sus propias raíces y brotes.

Ocultan sus órganos reservantes.
Piensan, porque son puentes:
entrenudos y yemas axilares.

Crecen sin cesar
y con los años olvidan
las partes más
antiguas.
Suele pasar
cuando no pasa nadie.
Salvo algún ángel.

Si te atreves a cruzarlos
muy despacio,
sentirás sus tallos,
sus ramas, el aire,
las piedras.

Y solo la tierra,
húmeda y exhausta,
que pises después,
será infinita.

La ecuación Dirac

La belleza es la primera prueba de la verdad.
PAUL DIRAC

Dentro del cráneo de un cometa,
una partícula dibuja su danza de fuego helado.

En el dibujo soy el niño
que cuenta las grietas del tiempo sin romperlas,
soy la sombra que muerde el átomo,
la palabra que se desdobla en espejos de luz negra.

Sin este abismo que inventa sus propias orillas,
sin esta ecuación que rasga el universo
como un latido en negativo,
yo solo sería
una voz sin partícula ni masa,
una belleza sin testigos.

Amarillo

Bataille dijo que en Van Gogh
la luz era una herida abierta en el lienzo.

El campo abre los ojos en fuego espeso,
cada tallo es un relámpago inmóvil,
cada espiga un grito atrapado en el lienzo.

El sol pesa sobre la tierra como una deuda,
como un fuego que nunca sacia.

Hay una línea donde el azul se rompe,
donde el horizonte tiembla como un pulso enfermo.

Aquí la locura es una espiral de luz,
una sombra sin dueño
que se acuesta entre las raíces del trigo.

En el taller, la noche es un espejo roto.
El pincel busca un cielo que no existe,
una estrella que nadie vio.

Las manos tiemblan de tanta color,
de tanto ver lo invisible.
Y el amarillo, el amarillo insiste,
atraviesa la carne y nombra los huesos.

El campo arde y nadie lo apaga,
el sol ríe y nadie responde.

NOCTÁMBULOS

En el reloj la noche cuenta sus pasos
como un niño que teme dormir.

En el comedor de un óleo sin tiempo
alguien sirve el silencio
Y, nosotros, despiertos sin motivo,
sabemos que algo nos llama.

Me tocas como quien busca
si el otro aún existe.
Y yo respiro lento, muy lento…

Hay algo profundo en el insomnio,
una forma de estar juntos
sin más luz.

Aquí dentro
los pensamientos
vibran como líneas tensas
que atravisan todo.

Y nosotros, inmóviles,
tan vivos como el vidrio,
latimos.

Es todo lo que tenemos.

DAME MÁS MANZANAS

Déjame probar otra vez
ese instante exacto
donde tú no piensas
y tu cuerpo respira por mí.

Ni luz de las velas,
ni las promesas de locura.
Solo tú diciéndome:
dame más manzanas,
como quien dice
no te vayas,
como quien dice
la vida también es esto.

Quien nos vio aquella tarde
no vio nada.
La verdad tenía la forma de la fruta,
pero sin pulpa:
era solo el gesto,
el deseo sin nombre
repetido como un *loop*,
como un poema roto
en un *sinclavier* invisible
Y, nosotros,
como un acorde que encaja,

Dame más manzanas,
insistes.
Y yo te doy
todas las que guardé

en el lugar donde escondimos
nuestras vidas pasadas.

Naranjo

La gente desaparece como hojas al viento, y yo sigo
aquí, buscando en la sombra de un nombre.
SHUNTARŌ TANIKAWA

Estoy aquí, desnudo en la tierra que me guarda,
con las raíces a la vista, atrapadas en una cárcel de arcilla,
donde fui dejando caer las hojas como sombras del tiempo,
mientras el viento pasaba sin escuchar mi nombre.

Fui padre sin hijos,
un poema sin páginas,
y el eco perdido en el hueco de una voz.

Una mujer me miró y ya no me reconoció,
mi fruto pesaba en su silencio,
y sus ojos eran puro invierno.

Crecí hacia adentro,
florecí en el olvido,
como quien tiene brazos que nadie ve,
como quien espera sin esperar,
sabiendo que un día, al fin,
el sol abrirá la puerta del frío.

Círculo

Las palabras se caen como las piedras de una antigua leyenda,
derretidas por estrellas que ya no brillan,
y cada giro de su danza resuena en nuestra finitud,
donde el eco de la existencia se viste de fantasma.

El médium funde su boca con el susurro de una verdad,
murmura el sufrimiento de las piedras al viento.

Este poema entra en las sombras
como plata ahogada en la sal,
como el oro oxidado que olvidó su nombre
en una espiral de rocío.
Y se vuelve lluvia el alma,
fina como vidrio roto,
cayendo en las heridas abiertas del universo,
donde el silencio se habla
de corazón a corazón.

Somos hijos de las estrellas que ya no arden,
pálidos y ahogados en la luz que nos olvida.

En el eje de las fragancias

En el centro de mi cuerpo
gira un eje invisible,
un remolino de humo y savia,
donde se cruzan los ecos
de las flores que aún no han nacido
cuyos perfumes ya queman el tiempo.

Un viento sin rostro
deshila la piel del aire,
y arranca de cada poro
una semilla de memorias,
como bocas salvajes que no saben callar.

Un jardín en combustión
abre su herida entre los pétalos.
Allí, el olor es la única verdad, y la verdad se desangra
en una cadena infinita de aromas
que no piden permiso para doler.
Mi alma se sostiene
en un suspiro de jazmín,
y de mirra,
y de incienso,
y de llamas,
y de cenizas que marcan el eje
de todas mis fragancias cansadas.

Y aún así respiro.
Y aún así ardo.
Y aún así florezco en lo que se ha perdido.

GLACIAR

La huella no pesa, pero avanza.
El cuerpo fluye sobre el hielo
como quien escucha sin palabras,
como quien doma el viento sin retenerlo.

Cada paso es una decisión invisible,
un hilo tenso sobre el abismo,
el aliento exacto que no quiebra la flor
ni perturba el agua.

Nada sobra, nada falta.
No hay miedo ni furia,
solo el pulso que encaja en el mundo
como la luna en la marea.

El hielo no desafía, solo es.
Y quien lo entiende,
ni cae ni tiembla:
le basta con ser la línea
que se dibuja mientras avanza.

GEÓMETRAS

*Solo sabemos medir la distancia entre lo que es
visible y lo que nunca llegará a ser visto.*
OCTAVIO PAZ

Somos arquitectos de sombras, construyendo el vacío
con reglas que no tocan la realidad,
medimos el espacio entre lo que somos y lo que queremos ser,
pero no hay distancia que mida la esencia.

Tiembla la línea,
se cruza sin saber por qué.

Cada ángulo, un suspiro,
cada punto, el eco del origen.

Los geómetras del alma no saben dibujar el fin,
porque el fin es solo una curva que se cierra sobre sí
misma, un círculo sin centro,
un espacio que se pierde en su propio reflejo.

Y aun así seguimos,
trazando límites que no existen,
dibujando sobre el aire
y encontrando en cada forma
el mismo vacío que no puede ser medido.

TUNDRA

La nieve no tiene memoria,
pero yo camino sobre su piel
como si me conociera.
No hay huellas detrás de mí,
ni sombra, ni eco.
Solo el aliento blanco
de algo que fui
en otra vida
y que ahora me observa
desde la luz del hielo.

Aquí morí.
En otra línea del tiempo,
en otra arquitectura del frío.

Mi cuerpo volvió al blanco,
pero no mi sed.

La tundra habla en murmullos:
un nombre que no recuerdo,
una casa sin paredes,
un océano de brumas
donde el alma, descalza,
se olvida de doler.

Si sigo caminando,
encontraré la razón del regreso.
O quizás solo la nieve,
cubierta de nieve, cubierta de nieve.

TAIGA

El bosque no olvida.
Hay sombras en el viento
que saben mi nombre.

Los abedules murmuran secretos,
las raíces envuelven los huesos del tiempo,
y la niebla pesa como un pasado
que nunca fue mío
pero que me posee.

No hay caminos.
Solo los ojos de un lobo
reflejados en la tormenta,
el crepitar de la madera húmeda,
el tacto de la tierra fría
que parece recordar
los pies que la pisaron
en otra vida.

Aquí fui otro.
Un hombre, un fugitivo,
un cuerpo enterrado entre los helechos,
una mano buscando abrigo
bajo la piel del invierno.

Si sigo caminando,
encontraré la verdad o el olvido.
O quizás solo la lluvia,
cubierta de silencio.

GOLONDRINA

No merezco el cielo de tus ojos,
pero aun así, sigues volando.
La pata rota, pegada a la luz
como si el aire fuese hogar
y el amor no tuviera caída.

Te hice daño,
como el viento que aplasta la flor
y luego se tumba a velarla.

Pero tú—
eres todo lo que resiste,
eres todo lo que vuelve.
Anaïs diría que te escribo con fiebre,
Maggie haría de nuestras ruinas un árbol,
Vivian pondría el nombre exacto de la culpa,
pero solo tú
sabes que la verdad no es palabra,
sino sombra donde te posas.

Golondrina,
si me permites,
si aún hay un nido en tus sueños,
déjame ser el viento esta vez,
pero no para herirte,
para llevarte a donde nunca
llegué a merecer.

Carpintería fina

Mañana Saturno girará sobre sí mismo,
será un ojo negro en la cerradura del cielo.

Mercurio abrirá grietas en el lenguaje
como un niño que desarma las bisagras de una puerta.

Los relojes olvidarán su oficio,
y yo, con las manos llenas de madera antigua,
lijaré cada astilla del miedo,
tallando un ahora sin fisuras.

Hay quien dijo que la luz también respira,
que el horizonte puede doblarse
como una tabla de abedul mojado.

Que todo retroceso guarda un pulso secreto.

Si los planetas caminan hacia atrás,
yo seré su carpintero,
enceraré cada regreso
hasta que la madera del tiempo
aprenda a latir.

Azufre precipitado en vaselina

Cuando la piel se abre en mapas invisibles,
cuando la fiebre es un animal que roe los huesos,
el aire se aprende de nuevo
con el aroma mezclado del fuego y la resina.

Un hombre pinta con un palo de eucalipto
círculos en el polvo del desierto,
dibuja el camino de las serpientes
que saben por dónde volver.

La sarna canta entre las costuras del tiempo,
pero el cuerpo es un idioma que puede curarse.

Azufre en vaselina,
manos que untan la luz sobre la carne,
y el escozor se vuelve llanto
hasta que la noche deja de morder.

Dicen que hay que escuchar los sueños de las piedras,
las aguas que no hablan,
el movimiento de los cuervos antes de la lluvia.

Dicen que solo así la herida
aprende a olvidar su nombre.

NEPTUNO

No hay voz en Neptuno,
solo el viento que arrastra el azul
como un cántico roto.

Hace siglos que gira sin destino,
un océano sin playas,
un dios sin altar.

Dicen que su órbita es un secreto,
un compás que nunca encaja,
un reloj que olvidó el tiempo.

Así también giran los silencios
que no nombran,
los hijos que miran a través
como si fuésemos aire,
los discípulos que aprenden
a negar sin palabras.

Los astrónomos dijeron que llueve diamante,
que hay océanos de metano
donde la luz se disuelve
como un nombre que ya no se pronuncia.
Que su gravedad nos toca sin saberlo,
como una sombra detrás del pulso.

La música fluye en círculos
como las órbitas ocultas de quienes nos niegan.

Rilke dibujaría esta ausencia en un cuaderno de fiebre,
Baudelaire encontraría en ese azul
una ciudad ahogada.

Y mientras tanto,
Neptuno sigue girando,
sin brazos,
sin aguas que lo toquen,
sin saber
que también lo amamos.

La luz invertida

Descubrí que las estrellas
son una forma de nombrar la ausencia.
La luz que veo ya no existe,
murió antes de llegar a mis ojos.

¿Qué significa esto?

Que el cielo es una mentira lenta,
una verdad que se difunde por error.
Me pregunto si también la memoria es un eco desbocado.
Si todo lo que fui aún viaja hacia algún punto en el espacio.

Dicen que el cielo no guarda registros,
que no hay archivos en la noche,
que lo que creemos ver es solo el residuo de una imagen
que nunca nos perteneció,
un reflejo, un espejismo de átomos antiguos
que se desvanecen antes de tocar la carne.

Hay un vértigo en comprender esto
que me deja suspendido,
como quien pisa un suelo que cede.

Quizás todo es así:
un resplandor que llega demasiado tarde.

¿No es igual el amor? ¿No es igual el miedo?
Pienso en el vacío perfecto.
No tiene lenguaje,
no tiene dirección.
Es un lugar sin nombres.

La materia, que antes parecía sólida,

ahora es solo una vibración que se pliega sobre sí misma.
No hay frontera entre lo que está dentro y lo que está fuera.

Al mirar el cielo, dejo de buscar respuestas.

Ya no me interesan las ecuaciones ni las teorías.
Solo la evidencia de lo que se ha disuelto.
Lo que ya no se sostiene.

La belleza de lo que nunca fue.

Y ahí, en esa disolución,

en esa nada que se convierte en todo, comprendo:
la luz que nos ilumina es también
la sombra de lo que nunca podremos tocar.

LAS MARIPOSAS DE BRUNO

Bruno no camina: toca la tierra y esta abre los ojos.
Donde pisa, las piedras olvidan su peso
y las hormigas se detienen, asombradas,
como si escucharan un idioma que perdieron hace siglos.

El niño levanta la mano,
y sobre sus dedos se posan mariposas
que nadie más ve.
No tienen nombre ni color,
pero llevan en sus alas el secreto de las cosas que nunca
    morirán.

Bruno no habla: deja que el viento lo haga por él.
Sabe que las palabras son pequeños espejos
donde el alma se refleja y a veces se deshace.

Prefiere el murmullo del río,
la danza de la hierba cuando los días tienen sed.

En su pecho, el tiempo no existe:
solo la memoria de los sueños antes de soñar,
solo la alegría de los que aún no han aprendido el miedo.

Bruno tiene ojos que abren puertas en el aire,
y más allá de ellas, un mundo aguarda.
El mundo de los niños que nunca olvidaron
cómo se habla con las estrellas,
cómo se acuna una sombra
para que deje de temblar.

Las mariposas de Bruno saben lo que nadie sabe.

Saben que la belleza no es un espejo,
ni una palabra,
ni siquiera un secreto.

La belleza es un niño que extiende la mano
y no pregunta si hay algo al otro lado.

ORUGA

Hablo con mi madre.
Viaja con una de sus amigas del alma
en un autobús-oruga.
Dice que se siente
como un garbanzo en la boca de un anciano.

Tenemos una de esas conversaciones largas,
un clásico entre nosotros.
Cuando viajo con ella a mi pasado en Vigo,
tengo que hacerle la metamorfosis
a los autobuses de Vitrasa:
paso de su color verde actual
al azul y gris de entonces
y subo al número cinco de la calle Balaídos,
frente al antiguo estadio.
Atravieso con mi cuerpo, por primera vez,
esa barra metálica.
Ya no paso por debajo: soy mayor.
Mi padre me dice que no suelte la barra,
que deje los asientos a los mayores,
que abra un poco las piernas
para mantener el equilibrio.
El centro de la ciudad aún está lejos
y eso que yo ya soy mayor.
Cuando todo a mi alrededor se mueve,
como en aquel autobús donde me hice grande,
abro las piernas, cierro los ojos
y espero a que todo calme.

El centro está cada vez más cerca.

Flores manchadas de ceniza

La luz se desvanece,
apenas un reflejo que se ahoga en la penumbra.

Los ojos reposan sobre una flor que nunca floreció,
y el tiempo, que se oscurece sin aviso,
deja sus señales
en los pétalos que caen sin fuerza.

No hay murmullos que calmen,
solo la ceniza que gira
en la quietud,
como un pensamiento que no encuentra salida.

Y las flores,
tan ínfimas, tan distantes,
se apagan bajo el manto
de un día malherido.

Ella está allí,
lejos y cerca
en ese instante en el que la mirada no puede reparar,
el mundo ya no hace eco,
solo murmura en las grietas de la memoria.

Pero en esa calma,
donde la tierra se funde bajo el peso de la noche,
algo quedará,
invisible, en la lucha.

El cielo ahora se habla a sí mismo,
las flores solo existen en el espacio
que nunca tocamos.

A pesar de todo,
el silencio persistirá
en ese último suspiro
antes de quedar sin nombre.

Sin posibilidad de entenderla,
la ceniza será el último legado
de una flor que se cae
sin ser contemplada.

ENTRE LAS SEIS Y LAS SIETE

Entre las seis y las siete de la tarde
sintonizo, siempre, con la eternidad.
Da igual dónde esté:
RADIO ETERNIDAD se enciende en mí.

Casi no hay interferencias,
aunque conduzca
o suba unas escaleras mecánicas,
o espere, con la calefacción muy alta,
la primera consulta del aparato digestivo.

RADIO ETERNIDAD sigue sonando con su humor intacto.
Su señal no envejece.
Si voy en coche, bajo el espejo largo
y me miro:
quiero saber si ese señor que conduce
y se aleja un poco más cada día,
lleva dentro la eternidad
o sigue tan vacío
como antes.

Horizonte previsible

Oh noche amable más que la alborada.
San Juan de la Cruz

Hay palabras que son cosas,
y cosas que son palabras.
Como esa plegaria diáfana y sublime
que me hunde y me hace frágil,
como una mariposa temblando
en la solapa del viento.

Hay un horizonte inventado
donde hacemos planes cuando amamos:
una línea azul de colinas luminosas
por la que trota, en silencio,
la caballería de la noche.
Hay una forma de amor
parecida a ese horizonte:
me presiona las sienes
con el fuego de sus sueños.

Hay palabras que son cosas,
y cosas que son palabras.
En el pájaro de mi cabeza
hay un cénit y un escondite,
y una herida por la que sangra
una soledad muy antigua.
Y también una levedad,
un aliento,
en el que el horizonte,
previsible,
me disfraza su infinito.

Caballo antibomba

No vino de la guerra,
vino de un sueño anterior al lenguaje.

Su lomo no lleva jinetes,
lleva memorias que no dolieron del todo,
cicatrices que aprendieron a cantar.

Con la mirada detiene el impacto,
con la crin enjuga el llanto y la pólvora.

Cuando respira, florecen
los pozos ciegos del alma.

No es de carne ni de hierro,
ni de fábula:
es materia que sabe escuchar
lo que los hombres olvidan.

Cuando pisa,
desactiva los secretos de la furia,
las minas que nadie ve
bajo las palabras heredadas.

No necesita templo:
cada paso suyo es altar,
cada galope un perdón,
cada silencio un bálsamo.

Él no pregunta,
acerca su presencia

como quien enciende una linterna
en una caverna olvidada.

Con su lengua limpia el miedo
como un pájaro del tiempo,
como un viejo sabio que riega
la herida sin nombre.

Cuando un cuerpo va a romperse,
él llega.
No llega pronto ni tarde:
llega en el instante en que todo
puede volver a ser semilla.

No cura porque sepa,
cura porque se queda.

Cuando se va,
no deja huella,
pero donde pasó
comienza a crecer algo
que se parece a la paz.

CICATRICES

Un coro de voces (no son pájaros)
ayudan al viento a empujar las palabras
en tu vestido.

Cuando la tierra fértil abre sus manos
sus cicatrices hacen mapas con los primeros surcos,
y caminos en las primeras sombras.

La consagración de la primavera
llega con los girasoles y el equinoccio rojo
del árbol solitario.

Por si acaso, todo se va iluminando
y la luz busca desde dentro tus ojos
y mis párpados tiemblan de alegría.

EL HOMBRE QUE LLORABA ANTE EL FUEGO

Sus ojos eran faroles vacíos en un túnel sin fin.
Llevaba un abrigo tejido con cenizas,
y en sus costuras dormía un cuerpo de silencios.

Guardaba objetos sin sombra:
un tenedor gastado por el roce de la ternura,
una llave que olvidó el idioma de las puertas,
y un espejo roto donde aún palpitaba
el rostro de su padre, difuso como un recuerdo húmedo.

Ese día no pronunció palabra.
Cada lágrima, al caer en el pozo de su cuerpo,
se incendiaba en el conjuro olvidado
de un idioma sin nombre,
como si el llanto hablara por los que ya no pueden.

No quise romper el rito.
En su llanto ardía una llama
que también quemaba mi pecho,
como si su dolor dijera mi nombre.

Entonces un secreto se desprendió de los árboles,
y no quiso entrar en la tierra,
porque los muertos aún no lo habían perdonado.

Mariposas nocturnas

—¿Papá, eres tú? —pregunté en silencio
a la mariposa nocturna del café Lanzós.

El coñac que empezaba a beber
estaba casi tan caliente
como la mano de mi padre
aquella última vez,
cuando sus ojos hicieron un rosetón hacia dentro
y el alma comenzó a despedirse.

Pasaron las horas.
Me distraje. Ya estaba
demasiado bebido. No lo sabía.
Compartí intimidades, fui imprudente,
enfadé a quienes de verdad me aman.

El café seguía lleno cuando nos fuimos.
No recuerdo apenas ningún rostro,
ni cómo me despedí.
Solo sé que aquella mariposa
sigue revoloteando a mi alrededor
como el perfume de la mujer
que duerme profundamente a mi lado.

El Constructor de Barcos

No fui quien para construir ciudades.
Fui, apenas, quien entendió
la madera humedecida del alma.
En un astillero sin relojes
donde el tiempo respira como los animales que sueñan.

Escuché hablar a la madera:
tenía la voz de un padre ausente,
de una madre en llamas,
de un cuerpo que renuncia a sí mismo
para ser casa de otro.

Cada tabla tenía una memoria de sal,
cada veta un idioma prehistórico
que solo los vientos sabían pronunciar.

Trabajaba con las manos heridas,
con el silencio de un ángel que perdió la boca,
sellando los intersticios
por donde huía el pensamiento:
el miedo,
la imagen de la muerte,
la idea de que amar es fundirse
en una madera sin nombre.

No me pediste un barco.
Me pediste abrigo.
Y yo respondí con una arquitectura de fluidos,
con cuñas de luz entre los huesos,
con una escuadra hecha de cristales.

Nunca fui carpintero.
Me hice constructor por dentro:
escuchando cada partícula
como si fuera una nave dispuesta a hundirse
o a cruzar el cosmos.

Ahora duermes en el interior del casco.
No hay viento.
No hay puerto.
Solo tu latido redondo
y mi nombre, que ya no me pertenece.

Y el barco, finalmente,
no se mueve pero respira.

Cielo Sexy

Un conejo blanco,
en la penumbra,
solo su mirada
a través de la negrura,
bailando en el aire.

La mano que se acerca,
sin tocar,
su piel
disolviéndose.

La luz
que no sabemos si viene
o si se va.
La noche en el cuerpo
como viento
que no pesa.

No hay llanto,
no hay sudor,
solo el movimiento del animal
que se pierde
en el espacio abierto,
imperceptible.

Y el animal,
que no es,
que no está,
que solo se mueve
donde la luz ya no llega
y el cuerpo se detiene.

La Llamada

En el océano de la luz que se retira,
donde las voces se evaporan y se reencuentran
llamamos a los que se fueron.

El tiempo es un círculo
que se disfraza de rastro,
y hay sombras que se ciegan
para danzar dentro de nosotros.

No hay nombre para lo que vimos,
solo la corriente
de un cuerpo que aún avanza.

Una sonrisa, ahora
para otro nombre que resuena
en el abismo del corazón,
cuando, sin querer,
invocamos la memoria.

Y en ese instante de deseo y ausencias,
nuestros cuerpos se tocan,
y no hay separación.

ATLÁNTICOS

La belleza era un relámpago
en la conciencia de los justos.
ANTONIO GAMONEDA.

Llovía.

El agua se abría en los cristales como un secreto antiguo.

Conversábamos con la lentitud sagrada
de los que saben mirar una luz
y no pedirle un nombre.

Uno dijo —como quien enciende un faro—:
«somos atlánticos»,
no por mapas o destinos,
somos atlánticos por el temblor azul que deja la vida
cuando roza la piel con su aliento más limpio.
Atlánticos,
como los que sienten el cine en la espalda,
como los que llevan Galicia en la mirada
y un lago en el pecho.
Somos atlánticos como el lino y la luz,
como dos estatuas en el aire,
como los cuerpos que no temen al tiempo.

Y el otro rio,
con esa risa que roza el alma
como de alas de un ave invisible.
Somos atlánticos,vivimos así.

Con los pies mojados de infancia,
el corazón a la intemperie,
y la mirada vestida de asombro.

Y si llueve,
mejor.

¡Que cada gota afine el mundo,
en los espejos de la calle!
Y nuestras sombras bailen
con esa gracia que no necesita explicaciones
para ser eterna.

En el museo

Un temblor de oro viejo
cruzó el pecho,
como si algo —no tú—
recordara por ti
una forma anterior a los nombres.

Y allí,
en el espejo de óleo de las sombras,
te viste.

Te viste como quien se sueña desde fuera:
una mujer sin rostro,
un dios roto,
una rama suspendida
en la luz de un mediodía que no viviste.

Y no supiste si eras tú
mirando el cuadro,
o si eras el cuadro
esperando por ti entre los siglos
a que tú lo recordaras.
Un reencuentro sin palabras,
un júbilo como de tristezas sagradas,
una ternura vieja,
el silencio que queda
cuando el universo,
por un segundo,
te reconoce.

Después,

la vida siguió —como siempre—
con su peso leve,
con su belleza de pasos y cafés,
igual que esa luz que arde en las promesas.

BUSTER KEATON

(Filmado en verso, sin música,
en una sala sin tiempo)

Llevaba un chándal gris
como quien no quiere molestar al aire.

Solo el sombrero,
ese eclipse pequeño sobre su cabeza,
que recordaba al mundo
que el equilibrio existe.

La sala era de madera antigua.
Los jóvenes cómicos contenían el aliento.
No sabían si debían reír
o llorar con elegancia.
Él hablaba sin decirlo.
Una ceja levantada era teoría.
Un paso torcido: filosofía.
Un tropiezo: arquitectura de la ternura.

«Nunca expliques un truco»,
decía su respiración.
«Hazlo caer como una hoja.
Que el mundo piense que fue el viento.»

Yo, en la tercera fila,
lo vi desaparecer detrás de su propia sombra.
Y entendí que no hay gesto más exacto
que el que parece inútil.

En sus ojos cabía todo lo que se rompe
sin que nadie lo repare.
El alma de los trenes de juguete,
las casas que se doblan con el viento,
los relojes que ya no quieren medir.
Al final,
nos dejó una caída perfecta,
como una forma de mirar el suelo
y no temerlo.
Cuando salió,
nadie se atrevió a aplaudir.
Solo quedó su sombrero
en el centro de la sala
como una lámpara
encendida
en la mitad del mundo.

La habitación congelada

Allí donde el tiempo se arrodilla,
una habitación respira por grietas de escarcha.

Nadie entra.
Solo el eco de un antiguo aliento
golpea los muros con palabras que ya no existen.

En el centro:
un cuerpo envuelto en vapor de alma,
dormido como un profeta en exilio,
el loco,
el que sabe demasiado y no puede hablarlo
sin romperse.

Dicen que es el alma de Gibrán.
Que una vez gritó tan fuerte su amor por la humanidad
que el mundo lo encerró en una caja de frío,
como quien teme que la belleza se derrame y lo queme todo.

Ahí lo vi.
Con la frente marcada por una grieta,
y en los dedos,
la caligrafía del fuego.

Cada lágrima que caía de su rostro
se convertía en palabra,
y cada palabra
abría una flor de hielo en el aire.

«No es locura», susurró,
«es haber visto el corazón de dios
y no encontrar después
un idioma que no lo traicione».

Nadie pudo tocarlo.
Pero cuando salió,
la habitación comenzó a derretirse,
y con ella,
el miedo, el dogma, la jaula.
Sobre el suelo dejó una sola flor,
flamante, imposible,
hecha de humo y escritura.

La habitación volvió al silencio.

Pero el mundo,
el mundo ya no volvió a ser el mismo.

LA HERIDA IRRECONOCIBLE

El primer paso no te lleva donde quieres,
pero te saca de donde estás.
ANÓNIMO

No te lances aún, héroe.
No ahora.
No con esa furia antigua
que aprendiste del viento y de las bestias.

Ya casi llegas.
No te rías en el aire como un dios deshecho,
no agites los brazos como si el abismo
fuera la única patria.

Espera.
Aguarda la roca, la isla, el agua turquesa
que aún no ha sido herida.

Caminaremos despacio,
como quien pisa huesos bajo la tierra.
Nuestras palabras serán el roce
de las piedras milenarias bajo los pies desnudos.

Casi nunca hablamos.
Apenas nos miramos.
Somos dos lenguas incompatibles del mismo incendio.

Fallamos todos los pactos:
los intentos, las estrategias,

los caminos sin nombre.
Nuestros recuerdos nos expulsan
como si fuésemos intrusos
en la casa que juntos construimos.

Tus guerras no fueron las mías.
Mis cantos eran tus silencios.
Y en el campo de batalla,
nos confundimos tantas veces
que también luchamos uno contra el otro.

Te herí.
Te insulté con la violencia de un hijo que no sabe amar,
te maldije con la voz de un padre ausente,
te odié con los dientes de un hermano que ha perdido el
    lenguaje.
Y resististe.
Resististe como un árbol partido

porque eres mi raíz.
Eres mi sombra.
Eres todos mis nombres enterrados.
Eres mi héroe elegante.
El que no huyó.
El que no se lanzó.
El que arde aún en el centro de mi herida
y no se deja nombrar.

El ruido del lápiz

El ruido del lápiz
es la primera chispa,
el latido diminuto
que abre el espacio en blanco.

Un niño escucha,
y en ese temblor pequeño
el mundo se hace verso,
se hace piel y nombre.

Por ese hilo de grafito
pasan los días,
las voces que callan,
las palabras que sangran,
los sueños que tiemblan en la punta.

El ruido del lápiz es la puerta,
un umbral donde todo entra y sale:
los versos que no se atreven,
los diarios que esconden
la memoria y el miedo,
el amor que nunca se dice.

En ese trazo tembloroso
se dibujan silencios,
se desnudan dolores,
se nombran las ausencias
que laten bajo la piel.

Y el niño que fue poeta,
que aún es poeta,
escucha ese ruido
como un conjuro sagrado,
como el latido primero
de un mundo que se escribe
para no morir.

La experiencia de leer para Borges

No estoy seguro de nada, no sé nada... Puedes imaginar
que ni siquiera sé la fecha de mi propia muerte.
JORGE LUIS BORGES

Mi primer Borges fue naranja:
una antología de poemas
donde la eternidad cabía en una palabra.

Mi segundo Borges fue un Aleph
que giraba en el centro de una página.
Allí descubrí que las ideas también son
senderos que se bifurcan,
y que el tiempo puede ser una biblioteca
que nadie ha terminado de leer.
Mi tercer Borges —el más incompleto y el más vivo—
fue un reel de Instagram:
su voz granulada, flotando entre
un algoritmo y la eternidad.
No logro recordar el texto,
pero sí el temblor que dejó.
Entonces cierro los ojos,
como quien intenta recordar una biblioteca
en ruinas. Me concentro en mi voz
que no me pertenece,
levanto la cabeza
como un ciego que rastrea
la divinidad en las grietas de la luz
y murmuro, sin saber si cito o invento:

«*Todo lo que ocurre es un instrumento...*
las humillaciones, la vergüenza...
las desventuras...
no son más que el antiguo alimento
de los héroes».

MISS ONCE

Frágil como una vela aromática de Jo Malone,
sólida como la cera antigua
en una colmena de siglos.
La vida es más grande que tú, por ahora,
querida Miss Once.

Pronto dejarás atrás tu infancia,
y también —aunque aún no lo sepas del todo—
a tu padre.
Llevarás contigo una mochila ligera,
algunos libros,
y ese bálsamo labial que jamás olvidarás,
como si en él se guardara
la memoria exacta de tus labios
antes del primer beso.

No habrá viento, ni del norte ni del sur,
que apague esa llama invisible
que te ilumina desde dentro:
ese fuego que a veces —solo a veces—
modifica por un segundo
el ámbar profundo de tus ojos.

COCODRILO

Creciste muy rápido, cocodrilo.
Ya eres más viejo que la mano-cangrejo
de mi abuelo Tilo.
Si me concentro, aún la siento
caminando sobre mi pecho,
repitiendo el mismo dibujo de cosquillas
sobre el corazón dormido.
Intenté hacer lo mismo contigo:
mi mano-cangrejo sobre tu pecho,
pero no tenía la pericia del abuelo,
y tú eras un cocodrilo
con alma de lagarto en primavera.

Te marchabas por pasillos infinitos,
o quedabas dormido bajo alguna
roca que inventabas entre las sábanas.
Es posible que ni siquiera leas este poema.
Tu inquietud y tus juegos
ocurren en otro mundo,
tan próximo y tan abismal al mío.

Casi nunca fui un padre paciente.
Tampoco supe acompañar al mío
en sus silencios,
en su café de cualquier tarde indefinida.

Hoy me acabo de separar de ti.
Camino llorando por la ciudad.
Las lágrimas empapan mi barba blanca
como si yo también regresara a la infancia.

Entro al café de la Gran Vía
donde mi padre estuvo tantas veces.
Un niño —parecido a ti—
me dibuja un cocodrilo.
Después me dibuja a mí.

Los trazos son confusos:
tengo los brazos muy abiertos,
solo tres dedos en cada mano,
dispuestos a abrazarte
si me das otra oportunidad
y no escapas
como siempre,
cocodrilo.

CIENTO DOS

Besé también el aire que respirabas en el espacio fiel
que no conoce la muerte.
LUZ POZO GARZA

Tengo ciento dos años y la muerte,
esa vieja costumbre, aguarda.
Pero no olvido aquella noche en Betanzos,
a las doce, cuando Luz Pozo Garza habló
de Vicente Aleixandre y el tiempo que se vuelve aión,
ese tiempo sin tiempo,
ión de libros que arden y se disuelven en el aire.

Todo envejece más rápido que yo:
las palabras, los muebles, los ecos de Claudio Naranjo,
de Zurita, de Jodorowsky,
quedan como sombras en el abandono.

Pero Luz no envejece,
su tiempo es otro, místico,
y aquí, en mis ciento dos años y medio,
entre abismos y gracias,
la voz de sus ojos —zafiros del desierto—
me sostiene con sus manos,
me dice:

«Como cuando tengo hambre,
bebo cuando tengo sed,
duermo poco, cada vez menos,
y hoy solo escucho tu voz».

LOS PARADENTRO

Para Pepe, El Cabaneiro.

Hablan poco. A veces
hay que leer sus silencios en el surco
de los omóplatos,
en la lentitud con que suben
las escaleras que crujen,
en la delicada ceremonia de dejar caer un sombrero
sobre una percha antigua,
o en la caricia apenas audible de la madera
sobre el reposabrazos de una silla
más vieja que la casa que los cobija.

Guardan su mutismo en el fuego donde asan las castañas,
mientras piensan en una hermana ausente en Ourense,
o en ese amor imposible que quedó tendido,
húmedo y frío, en Suiza.

Los paradentro lloran con gotas de incienso,
lágrimas suspendidas en el aire de su propio ataúd,
pero siguen andando, pausados,
como el viento que no cesa,
y sonríen sin sonido,
explosivamente,
cuando la alegría inesperada
los visita y los interrumpe.

LAS TRAMAS DEL VIENTO

En el rincón callado donde el tiempo se deshace,
el viento escribe en silencio las historias no contadas,
tramas que se enrollan como hilos invisibles,
tejidos que sostienen el cuerpo roto del día.

Somos polvo, sombra y memoria que no cesa,
palabras que se escapan de la boca del mundo,
nombres que caen como gotas, lentos y eternos,
fragmentos de un cuerpo que se rehace en el aire.

El poeta escucha con las manos vacías,
esa voz que no se dice pero se grita en el alma,
un conjuro de ausencias y presencias,
un latido compartido que duele y sostiene.

No hay mapa ni refugio, sólo la trama que resiste,
una red invisible que se rompe y se repara,
el eco de un grito que no termina,
la memoria que quema y salva al mismo tiempo.

Cada hilo es una herida, cada palabra, una llama,
una fuerza que arrastra y levanta,
un pulso que no se rinde y que escribe en la piel
la historia de quienes no se dejan olvidar.

Este poema es un gesto hacia lo imposible,
una promesa rota que vuelve a ser esperanza,
un adiós que guarda el fuego de un regreso,
un último verso que abre todas las puertas.

Índice

Este libro se terminó de imprimir
en noviembre de 2025

RIL® editores • España

europa@rileditores.com

Se utilizó tecnología de última generación que reduce el im-
pacto medioambiental, pues ocupa estrictamente el papel
necesario para su producción, y se aplicaron altos estánda-
res para la gestión y reciclaje de desechos en toda la cadena
de producción.